LA DATE

DES

ACTIONS HYPOTHÉCAIRES ROMAINES

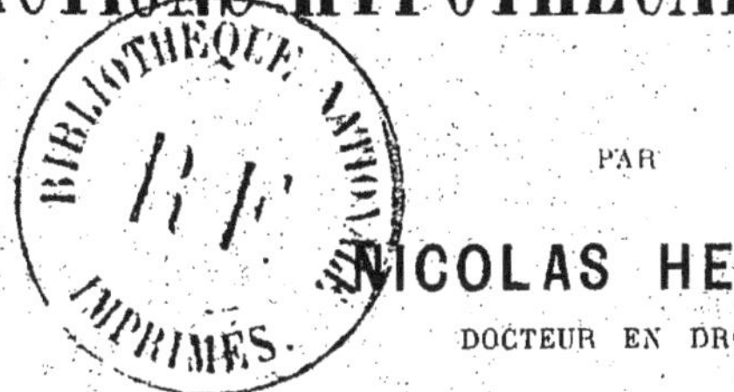

PAR

NICOLAS HERZEN

DOCTEUR EN DROIT

TRAVAIL PRÉSENTÉ

A LA

FACULTÉ DE DROIT DE L'UNIVERSITÉ DE LAUSANNE

POUR OBTENIR LE TITRE DE PRIVAT-DOCENT

Extrait de la *Nouvelle Revue historique de droit français et étranger*
(Novembre-Décembre 1898 et Janvier-Février 1899)

PARIS

LIBRAIRIE DE LA SOCIÉTÉ DU RECUEIL GÉNÉRAL DES LOIS ET DES ARRÊTS

FONDÉ PAR J.-B. SIREY, ET DU JOURNAL DU PALAIS

Ancienne Maison L. LAROSE & FORCEL

22, rue Soufflot, 22

L. LAROSE, Directeur de la Librairie

1899

LA DATE

DES

ACTIONS HYPOTHÉCAIRES ROMAINES

IMPRIMERIE
CONTANT-LAGUERRE

LVX·IN·VITAM

BAR-LE-DUC

LA DATE

DES

ACTIONS HYPOTHÉCAIRES ROMAINES

PAR

NICOLAS HERZEN

DOCTEUR EN DROIT

TRAVAIL PRÉSENTÉ

A LA

FACULTÉ DE DROIT DE L'UNIVERSITÉ DE LAUSANNE

POUR OBTENIR LE TITRE DE PRIVAT-DOCENT

Extrait de la *Nouvelle Revue historique de droit français et étranger*
(Novembre-Décembre 1898 et Janvier-Février 1899)

PARIS

LIBRAIRIE DE LA SOCIÉTÉ DU RECUEIL GÉNÉRAL DES LOIS ET DES ARRÊTS
FONDÉ PAR J.-B. SIREY, ET DU JOURNAL DU PALAIS

Ancienne Maison L. LAROSE & FORCEL
22, *rue Soufflot,* 22

L. LAROSE, Directeur de la Librairie

1899

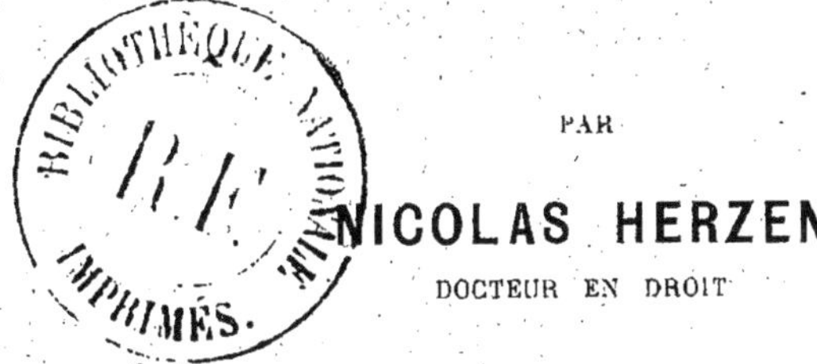

A MONSIEUR

PAUL-FREDÉRIC GIRARD

PROFESSEUR

A LA FACULTÉ DE DROIT DE PARIS

LA

DATE DES ACTIONS HYPOTHÉCAIRES ROMAINES

I. — FIXATION DE LA DATE.

La date des actions hypothécaires romaines est très discutée. Les sources ne donnent aucune indication directe sur ce point. Nous ne savons pas à quel *Salvius* et à quel *Servius* sont dus les noms de l'interdit *Salvien* et de l'action *Servienne*. Aussi, les différentes dates proposées par les modernes, sont écartées les unes des autres par des intervalles qui vont jusqu'au total de plusieurs siècles (1).

(1) Dernburg, *Das Pfandrecht nach den Grundsätzen des heutigen römischen Rechtes*, t. I, 1860, p. 66, croit que le droit romain reconnut et sanctionna d'une manière générale l'hypothèque après la seconde guerre punique, c'est-à-dire dès la seconde moitié du vi° siècle de Rome. Cette opinion a trouvé de nombreux adhérents : Jourdan, *Etudes de droit romain, l'hypothèque*. Paris, Aix, 1876, p. 126; Wlassak, *Edict und Klageform*, 1882, p. 135-136; Ascoli, *Le origini dell'ipoteca e l'interdetto Salviano*, Livourne, 1887, p. 58, cf. p. 55 note 5; Jörs, *Römische Rechtswissenschaft zur Zeit der Republik*, 1888, p. 153 note 3; Schulin, *Geschichte des römischen Rechts*, 1889, p. 426, note 5. Ces deux derniers auteurs croient en particulier pouvoir attribuer l'action *Servienne* à *Servius Sulpicius Galba*, qui fut préteur en l'an 567 de la ville.

Mitteis, *Reichsrecht und Volksrecht*, Leipzig, 1891, p. 416 note 2, veut remonter encore plus haut que Dernburg et faire dater l'interdit *Salvien* du iv° siècle avant J.-C.

Avant Dernburg, l'opinion était très répandue que le créateur de l'action *Servienne* devait être *Servius Sulpicius Rufus*, l'ami de Cicéron (Indications bibliographiques chez Thierbach, *historia iuris civilis de pignoribus*, 1814, p. 22, note 6). Cette thèse a été reprise récemment par Bremer, *Jurisprudentiae antehadrianae quae supersunt*, 1896, p. 217-219.

Actuellement, il se manifeste la tendance de rapprocher de nous les dates des actions hypothécaires. Voigt, *Das pignus der Römer bis zu seiner Umwandlung zum Rechtsinstitute*, 1888, p. 261 note 48, p. 263-264, a soutenu que l'interdit *Salvien* et l'action *Servienne* dataient seulement du commencement de l'empire; il attribue l'interdit à *M.-Salvius Otho*, préteur sous Auguste, et

Ces divergences ne pourront être écartées et l'accord ne pourra être établi, que lorsqu'on aura étudié la question avec une méthode vraiment scientifique.

C'est ce que nous allons essayer de faire.

Une seule méthode est applicable si l'on veut obtenir des résultats satisfaisants ; c'est celle employée par M. *Girard* pour la fixation de la date à assigner à la loi *Aebutia* (1), et qui consiste à rapprocher de plus en plus les limites au delà desquelles l'acte à classer ne peut ni descendre ni monter, en relevant, dans une période toujours plus restreinte, d'une part les témoignages qui excluent l'existence de l'acte étudié, d'autre part ceux qui impliquent nécessairement sa présence.

Appliquons cette méthode à notre problème, et recherchons la limite inférieure avant laquelle les actions hypothécaires n'ont pu exister.

Le premier terme d'exclusion nous est fourni par la théorie de la possession. L'ancien droit romain ne distinguait pas entre la possession d'un fonds et la possession des meubles situés sur le fonds. Pour lui, le possesseur du fonds est par là même possesseur des meubles situés sur le fonds, qu'il connaisse ou ne connaisse pas leur présence dans l'immeuble. Tel est encore l'état du droit au commencement du VIIe siècle de Rome, époque où vivaient *Manilius* et *Brutus*. L'opinion de ces juristes ressort d'un exemple frappant : D. (41.2) 3, § 3, *Brutus et Manilius putant eum, qui fundum longa possessione cepit, etiam thensaurum cepisse, quamvis nesciat in fundo esse.*

On voit l'importance de ce passage pour la question qui nous occupe. Les premières actions hypothécaires romaines sont l'interdit *Salvien* et l'action *Servienne*. Elles furent accordées au bailleur d'un fonds rural pour protéger l'hypothèque que lui avait fournie le fermier. Elles ne sauraient donc être antérieures à l'existence de cette hypothèque. Or, il ne peut pas être question d'hypothèque du bailleur tant que la distinction

---

l'action à *Servius Sulpicius Galba*, grand-père de l'empereur *Galba*. Les conclusions de Voigt ont été adoptées par Kuntze, *Zur Geschichte des römischen Pfandrechts*, 1893, t. I, p. 22 et suiv. M. Girard, *Manuel*, 1re édit., p. 744, croit aussi que l'hypothèque est postérieure au début de l'empire.

(1) *Zeitschrift der Savigny-Stiftung*, 14, p. 1-54 ; *Nouv. Rev. hist. de droit*, 1897, p. 249-296.

n'est pas faite entre la possession d'un fonds et la possession des meubles situés sur ce fonds. Jusque-là, le bailleur, possesseur du fonds loué, est par là même possesseur de tous les meubles apportés par le fermier dans le fonds, et le gage des *invecta et illata* est un gage ordinaire qui ne diffère en rien des autres gages donnés en possession au créancier.

Ce point de vue ne tarda pas à être abandonné. Les juristes introduisirent la distinction de la possession de l'immeuble et de la possession des objets mobiliers situés sur l'immeuble (1). L'une ne fait plus acquérir l'autre. Il faut désormais que la possession de chaque meuble ait été acquise séparément : *non alias possiderem quam si ipsius rei possessionem supra terram adeptus fuissem*, dit *Papinien* (2).

L'évolution est déjà achevée à la fin de la République, à l'époque où fut institué l'interdit *de migrando* que *Labéon* connaît déjà (3), et qui suppose la reconnaissance de l'hypothèque du bailleur d'un fonds urbain.

Ce qu'il nous importe de retenir, c'est que la distinction n'est pas encore faite par *Manilius* et *Brutus*, et que cela exclut la possibilité même d'admettre l'existence de l'hypothèque du bailleur et des actions hypothécaires au commencement du viie siècle de Rome.

Cette première limite avant laquelle les actions hypothécaires ne sauraient exister une fois fixée, recherchons la limite extrême opposée, après laquelle l'existence des actions hypothécaires ne peut plus être mise en doute.

Cette limite supérieure est fournie, abstraction faite de la *perclusio* du bailleur d'un fonds urbain, laquelle est restée sans influence sur le développement ultérieur du droit de gage, par les premières mentions expresses de l'interdit *Salvien*, de l'action *Servienne* et de l'hypothèque. Elles se rattachent toutes au nom du juriste *Julien*. C'est lui le premier, à notre connaissance, qui s'occupe de l'interdit *Salvien* dans D. (43.33) 1 pr., et D. (20.1) 21, § 1, où les compilateurs ont écrit *Servianae* pour *Salviano*. C'est lui le premier qui nomme l'action *Servienne* dans D. (13.7) 28 pr. et qui en parle dans D. (43.33) 1, § 1, où

(1) D. (41.2) 30 pr.
(2) D. (41.2) 44 pr.
(3) D (43.32) 1, § 4.

Salviano interdicto est interpolé pour *Serviana actione*. C'est lui le premier qui emploie en latin le mot *hypotheca* dans D. (41.3) 33, § 4 : *plane si creditor nuda conventione hypothecam contraxerit, usucapere debitor perseverabit* (1).

L'activité de *Julien* se place dans la première moitié du iie siècle de notre ère. Le livre XI de ses Digestes en particulier, livre d'où est tirée la mention formelle de l'action *Servienne* dans D. (13.7) 28 pr., a été écrit encore sous *Hadrien*. D'après D. (38.2) 22 en effet, *Julien*, en écrivant le livre XXVII de ses Digestes, ne connaissait pas encore un rescrit émané de cet empereur. L'action *Servienne* n'est donc pas postérieure au début du iie siècle ; il en est de même de l'interdit *Salvien*, et cela à plus forte raison, puisque cet interdit a, suivant l'opinion généralement admise, précédé l'action *Servienne*.

Les deux limites que nous venons d'établir, début du viie siècle de Rome d'une part, début du iie siècle de notre ère d'autre part, ne constituent qu'une première approximation. Elles nous permettent de restreindre le champ de nos investigations, mais ne sauraient nous dispenser de recherches ultérieures. Elles sont encore séparées par un intervalle de plus de deux siècles, il faut chercher à les rapprocher davantage l'une de l'autre.

Commençons par la limite inférieure et voyons si après le début du viie siècle de Rome, nous n'avons pas d'autres données qui excluent les actions hypothécaires et nous permettent de la sorte de transférer cette limite à une époque plus rapprochée de la limite opposée.

Un premier terme d'exclusion nous est fourni par la loi *Aebutia* ; il coïncide avec la limite inférieure déjà établie, début du viie siècle de Rome. Il n'en est pas moins important à relever. La date de la loi *Aebutia* a été, avec la méthode décrite plus haut, rigoureusement localisée par M. Girard entre

---

(1) *Bremer, Jurisprudentia antehadriana*, p. 218, attribue à tort à *Gaius* la priorité dans l'emploi du mot *hypotheca*. Remarquons en outre que *Cicéron* écrit le mot en caractères grecs, *Ep. ad Attic.*, 2, 17 in f. et *ad fam.*, 13, 56, 2. Dans ce dernier texte on trouve une fois *hypotheca* en lettres latines, mais c'est une simple transcription : ὑποθήκας *Cluvio dedit : eae commissae sunt. Velim cures ut aut de hypothecis decedat*, etc. Ce texte de *Cicéron* se rapporte au droit grec.

l'année 605 et l'année 630 de Rome, un peu après la première date, un peu avant la seconde (1). Or, en sa double qualité d'action prétorienne et d'action *in factum*, l'action *Servienne* ne peut pas être antérieure à la loi *Aebutia*. Avant les réformes introduites par cette loi en effet, sous le régime exclusif des légisactions, les édits des préteurs qui servaient à introduire des actions n'étaient pas encore en vigueur, et les actions reproduisaient les termes mêmes de la loi qui les avait créés. Cela implique nécessairement l'exclusion des actions prétoriennes et des actions *in factum*. *Gaius*, 4, 11 ne peut pas s'entendre autrement : *Actiones, quas in usu veteres habuerunt, legis actiones appellabantur vel ideo, quod legibus proditae erant (quippe tunc edicta praetoris, quibus complures actiones introductae sunt, nondum in usu habebantur), vel ideo, quia ipsarum legum verbis accomodatae erant et ideo inmutabiles proinde atque leges observabantur* (2).

On pourrait, il est vrai, objecter à l'argument tiré des mots *tunc edicta praetoris nondum in usu habebantur*, que ce passage ne touche pas l'action *Servienne*, laquelle a été introduite dans l'*album* du préteur sans édit préalable (3). Mais l'argument tiré de sa nature d'action *in factum* n'en reste pas moins intact. D'ailleurs, l'action *Servienne* est encore exclue pour l'époque antérieure à la loi *Aebutia* en sa qualité de formule. *Gaius*, 4, 30 : *per legem Aebutiam et duas Julias sublatae sunt istae legis actiones effectumque est, ut per concepta verba, id est per formulas litigemus* (4).

Nous rencontrons maintenant un second terme d'exclusion qui nous fait avancer d'un siècle et nous reporte du début du viie au début du viiie siècle de Rome. Il nous est fourni par le nom de l'interdit *Salvien*.

Ce nom implique nécessairement l'existence de la famille des *Salvii*. Il ne peut en effet dériver que du *nomen gentilicium Salvius*, comme nous le montre l'analogie des noms donnés aux sénatus-consultes et aux actions prétoriennes. Nous

---

(1) *Nouv. Rev. hist. de droit*, 1897, p. 289 ; cf. Girard, *Manuel*, 1re édit., p. 966.

(2) Cf. Girard, *Nouv. Rev. hist.*, 1897, p. 252-255.

(3) Voir plus bas.

(4) Cf. Girard, *op. cit.*, p. 252.

ne parlons pas ici des lois, bien qu'elles soient toujours nommées d'après le *nomen gentilicium* de leur auteur, parce que leur dénomination suivait des règles officiellement établies. Les noms des sénatusconsultes et des actions prétoriennes n'ont au contraire rien d'officiel. C'est le cas de l'interdit *Salvien*. Or, nous voyons que ces noms étaient formés dans la règle avec des *nomina gentilicia*, parfois, et par exception, avec des *cognomina* (S. C. *Silanianum, Tertullianum, Orfitianum*), jamais avec des *praenomina* (1). Le *praenomen Salvius* est donc exclu; le *cognomen Salvius* n'existe pas; il ne reste que le *nomen gentilicium Salvius* comme unique origine possible du nom de l'interdit *Salvien*.

Or, les *Salvii* sont une famille nouvelle qui ne commença à jouer un certain rôle dans la vie publique qu'à partir du viii° siècle de Rome (2). L'interdit *Salvien* ne peut donc pas être antérieur au début du viii° siècle, l'action *Servienne* encore moins, puisqu'elle est postérieure à l'interdit (3).

Après le commencement du viii° siècle de Rome, nous ne trouvons plus aucun terme d'exclusion des actions hypothécaires.

Voyons maintenant s'il est possible de déplacer la limite supérieure déjà obtenue et de la rapprocher de la limite infé-

---

(1) Cf. Krüger, *Geschichte der Quellen und Litteratur des römischen Rechts*, 1888, p. 83; Karlowa, *Römische Rechtsgeschichte*, t. I, p. 643.

(2) Cf. Babelon, *Monnaies de la République romaine*, t. II, p. 413 et suiv.; Pauly, *Realencyclopädie*, t. VI, p. 720 et suiv.; Voigt, *op. cit.*, p. 261, note 48; Girard, *Manuel*, 1re édit., p. 745, note 1.

(3) Le nom de l'action *Servienne* à lui tout seul, admettrait une date un peu plus reculée. Les *Servii*, il est vrai, n'apparaissent aussi qu'au viiie siècle (ils ne sont pas mentionnés dans la *Prosopographia* de Klebs et Dessau, ni dans la *Realencyclopädie* de Pauly; cf., par contre, Jörs, *op. cit.*, p. 153, note 3; Voigt, *op. cit.*, p. 263-264; Mommsen, *Röm. Forschungen*, t. I, p. 19, note 21); mais le *praenomen Servius* avait, à la fin de la République, cette particularité qu'il ne se rencontrait de préférence que dans la *gens Sulpicia*. En conséquence, l'appellation *Servius* était équivalente à l'appellation *Sulpicius*; le juriste *Servius Sulpicius Rufus* est appelé simplement *Servius*; aussi, un nom dérivé du *praenomen Servius* n'aurait eu, dans la seconde moitié du viie siècle, rien de choquant, pas plus que les dénominations telles que *via Appia, aqua Appia*, dérivées du *praenomen Appius*, réservé à la *gens Claudia* (Mommsen, *op. cit.*, t. I, p. 24-25). Par contre, un nom dérivé du *praenomen Salvius* eût été une anomalie inexplicable, ce prénom n'étant réservé à aucune *gens* spéciale.

rieure. Il faut pour cela procéder à un examen attentif et minutieux des sources.

Or, en dépouillant les écrits des juristes romains dans l'ordre chronologique adopté par *Lenel* dans les tables de sa *Palingenesia*, nous trouvons une première allusion à l'action hypothécaire déjà chez *Cassius*, dont l'activité s'étend du règne de *Tibère* à celui de *Vespasien* (1), et se place par conséquent au milieu du 1er siècle de notre ère.

Paul dans D. (13.7) 18, § 3, nous rapporte ce qui suit : *Si quis caverit ut silva sibi pignori esset, navem ex ea materia factam non esse pignori Cassius ait, quia aliud sit materia, aliud navis : et ideo nominatim in dando pignore adiciendum esse ait :* « *quaeque ex silva facta natave sint* ».

Ce texte vise bien un cas d'hypothèque proprement dite. Il ne peut pas s'être rapporté originairement à la fiducie. *Cassius* en effet, estimait que le propriétaire de la matière restait, en cas de spécification, propriétaire de la nouvelle espèce (2). Il n'aurait donc pas dit que le vaisseau n'était pas compris dans la fiducie, puisque le créancier fiduciaire, propriétaire de la forêt, aurait par là même été propriétaire du vaisseau fait avec le bois de cette forêt; et surtout, il n'aurait pas pu donner comme raison la spécification : *quia aliud sit materia, aliud navis* (3). C'eût été se mettre en contradiction avec soi-même.

Un gage ordinaire n'est guère plus admissible dans notre cas qu'une fiducie. C'est en effet le débiteur qui possède la forêt, puisqu'il l'exploite; en admettant même qu'il l'ait préalablement livrée au créancier et que celui-ci la lui ait retrocédée à titre de précaire, il n'en reste pas moins constant que le créancier n'a jamais acquis la possession de vaisseau, lequel

(1) Karlowa, *Röm Rechtsgesch.*, t. I, p. 691.

(2) D. (41.1) 7, § 7, Gaius, 2, 79.

(3) Eisele, *Zeitschrift der Savigny-Stiftung*, t. XIII, p. 144-145, tient ces mots pour interpolés. D'après lui, Paul et Cassius n'auraient jamais opposé *materia* et *navis*, mais *silva* et *navis*, car on ne sait pas si la *materia* est engagée. Cette observation repose sur la confusion de *materia* dans le sens de matériaux de construction et de *materia* dans le sens d'étoffe, par opposition à *nova speciès*. C'est dans ce dernier sens que Cassius emploie ici le mot, puisqu'il s'occupe des effets de la spécification. Et pour lui, c'est la forêt elle-même qui est la *materia*, l'étoffe. Cela ressort des mots *ex ea materia* appliqués à la forêt, et de la clause *quaeque ex silva facta sint*.

est une *nova species* et ne lui a pas été livré, car s'il y avait eu livraison, la question soulevée ne se poserait même pas. Il y a donc ici, en tout cas pour le vaisseau, constitution de gage par simple pacte, c'est-à-dire hypothèque. Or, *Cassius* considère le pacte en question comme valable et éfficace, c'est donc qu'il le juge capable d'engendrer une action; ce ne peut être ici que l'action *quasi Servienne*, l'action *hypothécaire*.

Une allusion plus directe à l'action hypothécaire se trouve chez *Octavenus*, dont l'activité se place sous *Domitien* et *Trajan* (1).

Le texte qui nous intéresse, se trouve dans la monographie de *Marcien* sur l'action hypothécaire; D. (20.3) 1, §2 : *si praedium quis litigiosum pignori acceperit, an exceptione summovendus sit? et Octavenus putabat etiam in pignoribus locum habere exceptionem.*

Un édit d'*Auguste* avait interdit la vente des fonds italiques litigieux par la partie qui ne les possédait pas (2). Si l'acheteur revendiquait à la partie qui le possédait, l'immeuble à lui mancipé par l'autre partie, il était repoussé par l'*exceptio litigiosi*; *Gaius* 4, 117ᵃ : *item si fundum litigiosum sciens a non possidente emeris eumque a possidente petas, opponitur tibi exceptio, per quam omni modo summoveris.*

L'édit d'*Auguste* ne parlait que de la vente des immeubles litigieux, il ne visait pas leur engagement. L'extension fut faite plus tard et notre texte la mentionne précisément le premier.

Voyons comment il implique l'existence de l'hypothèque et de l'action hypothécaire.

Le cas d'aliénation fiduciaire était déjà compris dans la défense de l'édit d'*Auguste*. Le texte d'*Octavenus* ne pouvait donc pas se rapporter originairement à la fiducie, car alors il n'y aurait eu aucun doute sur l'application de l'édit.

Le cas de gage avec nantissement est aussi exclu, puisque la défense d'aliéner, et, plus tard, d'engager un fonds litigieux, ne concerne que la partie qui ne possède pas; or, le débiteur ne peut évidemment pas livrer au créancier un gage qu'il ne possède pas.

---

(1) Karlowa, *op. cit.*, t. I, p. 702.
(2) *Fragm. de iure fisci*, § 8.

Il ne reste que le cas d'hypothèque. Or, l'*exceptio litigiosi* suppose l'exercice d'une action réelle à laquelle on l'oppose et qui corresponde à la revendication en cas de vente. Dans notre cas, celui d'une hypothèque, ce ne peut être que l'action hypothécaire.

Nous disons à dessein action *hypothécaire*, c'est-à-dire action *quasi Servienne*. Il ne peut pas être question ici de la *Servienne* simple, puisqu'il s'agit d'immeubles. Le passage cité parle en effet de *praedium litigiosum* et la phrase qui le suit prouve qu'à l'époque d'*Octavenus*, la défense d'hypothéquer concernait seulement les immeubles litigieux et pas encore les meubles : *quod ait Scaevola libro tertio variarum quaestionum procedere, ut in rebus mobilibus exceptio locum habeat.*

Après *Octavenus*, nous trouvons une mention de l'action hypothécaire chez *Celsus*, qui fut consul pour la seconde fois en 129. D. (46.3) 69 : *Celsus libro 24. Digestorum : Si hominem in quo usus fructus alienus est vel qui erat pignori Titio obligatus, noxae dedisti, poterit is, cui condemnatus es, tecum agere iudicati, nec exspectabimus, ut creditor evincat.*

On le voit, *Celsus* traite ici le droit de gage comme un *ius in re aliena* à côté de l'usufruit, et parle d'une éviction par le créancier, ce qui implique nécessairement que le créancier a une action réelle, l'action hypothécaire.

Il ne peut pas avoir été question d'une fiducie dans le texte original, car alors il n'y aurait pas de *noxae deditio* imposée au débiteur, même s'il avait gardé la chose à titre de précaire : *is... qui precario rogavit non tenetur noxali actione* (1).

Après *Octavenus* et *Celsus* (2), les mentions des actions *Servienne* et *quasi Servienne* deviennent très fréquentes, et bientôt apparaît une monographie sur l'action hypothécaire, le *liber singularis de formula hypothecaria* de *Gaius*.

(1) D. (9.4) 22, § 1.

(2) Un autre texte de *Celsus*, D. (20.1) 14 pr., où l'on a voulu voir l'action *Servienne* (Dernburg, *Pfandrecht*, t. II, p. 298 ; Ascoli, *Origini dell'ipoteca*, p. 94), peut en effet s'entendre de cette action, mais pourrait aussi se référer à l'interdit *Salvien* (Rudorff, *Pfandklagen*, dans la Zeits. für gesch. Rechtswiss., 13, p. 217 ; Lenel, *Palingenesia* sous *Celsus* fr. 213 ; Jourdan, *Hypothèque*, p. 108) et peut-être même à la *perclusio* ou à une procédure extraordinaire (Cf. D. (43.32) 1, § 2 ; Bethmann-Hollweg, *Das 20. Buch der Pandekten*, Bonn, 1877, p. 51-52).

Avec le texte de *Cassius*, nous avons reculé notre limite supérieure de plus d'un demi-siècle, la déplaçant du début du second siècle au milieu du premier siècle de notre ère, c'est-à-dire vers la fin du viiie siècle de Rome. Plus rigoureusement, *Cassius* étant mort dans les premières années du règne de *Vespasien*, nous obtenons comme limite après laquelle l'existence des actions hypothécaires ne peut plus être mise én doute, environ l'an 825 de Rome. Notre limite inférieure étant le début du viiie siècle de Rome, nous sommes parvenus à restreindre à environ un siècle la période où ont été créées les actions hypothécaires.

Si l'on considère qu'il faut placer dans cet espace de temps l'évolution qui part de l'interdit *Salvien* pour aboutir à l'action hypothécaire en passant par la *Servienne* et la généralisation de l'hypothèque, évolution qui ne peut pas s'être accomplie en un petit nombre d'années, on verra que le résultat obtenu n'est pas trop insuffisant. Il est d'ailleurs possible, nous le montrerons plus bas, d'arriver à une approximation encore plus grande, d'admettre avec quelque vraisemblance que l'interdit *Salvien* était déjà connu de *Labéon*, et que l'action *quasi Servienne* ne peut dater que des dernières années de la période obtenue. Mais on ne peut parvenir à plus de précision qu'aux dépens de la sûreté des conclusions proposées.

Nous ne voyons pas en particulier l'avantage qu'il y a à vouloir attribuer à tel ou tel *Salvius*, à tel ou tel *Servius*, l'interdit *Salvien*, l'action *Servienne*.

Une telle attribution avance fort peu l'état de nos connaissances et ne peut être que conjecturale. Elle devrait, en effet, pour avoir une valeur de certitude, être précédée de la preuve qu'aucun autre *Salvius*, qu'aucun autre *Servius* n'a pu être l'auteur de l'interdit *Salvien*, de l'action *Servienne*. Or, cette preuve ne peut pas être donnée. Nous n'avons pas la liste complète des préteurs, et même si nous l'avions, les données seraient encore insuffisantes, non seulement parce qu'il se trouverait peut-être plusieurs préteurs du même nom, mais encore parce que le nom d'une action pourrait provenir d'un juriste qui n'a pas été préteur.

On admet généralement le contraire ; on affirme que le nom

des actions prétoriennes vient du préteur qui les a le premier proposées (1), mais cela sans aucune preuve. Aussi, récemment, *Bremer* s'est élevé avec raison contre ce dogme d'un nouveau genre. Il a fait remarquer cette vérité élémentaire, qu'un juriste jouissant d'une certaine autorité, n'a pas besoin d'être préteur pour jouer un rôle dans la création du droit (2). On n'en continue pas moins à soutenir que les noms des actions prétoriennes ne peuvent venir que d'un préteur. C'est par là que *Pernice* a voulu, tout récemment, expliquer le fait que l'*actio doli* ne porte pas le nom de son créateur C. *Aquilius* : ce juriste a été préteur de la *quaestio ambitus*, il n'est donc pas probable qu'il ait été aussi préteur urbain, le cumul des deux fonctions ne se rencontrant qu'exceptionnellement (3).

Comme argument, on se borne à citer les noms de quelques actions prétoriennes (4), entre autres ceux précisément de l'action *Servienne* et de l'interdit *Salvien* dont nous ne connaissons pas les auteurs, celui de l'action *Paulienne* qui est dans le même cas, de la formule *Octavienne* dont l'origine est douteuse (5), et du *iudicium Cascellianum*, attribué généralement au juriste *Aulus Cascellius* (6) dont nous savons pertinemment qu'il n'a pas été préteur : *fuit autem quaestorius nec ultra proficere voluit*, dit de lui *Pomponius* (7).

Ces exemples combattent d'eux-mêmes la thèse à l'appui de laquelle ils sont cités.

En outre, nous avons pour nous l'analogie des sénatusconsultes, qui ne sont pas toujours nommés d'après les consuls qui les ont promulgués, mais qui peuvent au contraire être désignés d'après d'autres personnes (S. C. *Macedonianum*, *Neronianum*, *Claudianum*) (8).

Naturellement, nous n'entendons pas soutenir que les actions

---

(1) Krüger, *Quellen*, p. 38 ; Kipp, *Quellenkunde des röm. Rechts*, 1896, p. 20.

(2) Bremer, *Jurisprudentia antehadriana*, p. 219.

(3) Pernice, *Labeo*, t. II, 2ᵉ édit., p. 197-198.

(4) Pernice, *op. cit.*, p. 198, note 2 ; Kipp, *loc. cit.*

(5) Girard, *Manuel*, 1ʳᵉ édit., p. 403, note 3.

(6) Bremer, *op. cit.*, p. 368 ; Heumann, *Handlexikon*, 8ᵉ édit., 1895, vᵒ *Cascellius*.

(7) D. (l. 2), 2, § 45.

(8) Girard, *Manuel*, 1ʳᵉ édit., p. 56.

prétoriennes n'aient pas été généralement désignées d'après des noms de préteurs ; il nous importait seulement de montrer qu'il n'y a là aucune règle absolue, et que le nom peut très bien provenir de juristes qui n'ont pas été préteurs.

Il n'y a d'ailleurs là rien d'étonnant, quand on pense à la manière dont le préteur remplissait ses fonctions, toujours entouré d'un conseil de juristes. Il devait arriver souvent que la personnalité du préteur fût effacée par celle d'un des membres de son entourage.

II. — Vérification.

Nous devons maintenant soumettre nos conclusions sur la date des actions hypothécaires à une contre-épreuve qui en soit la vérification, et prouver que les limites que nous avons établies sont justes, en montrant d'une part que rien dans les sources ne prouve l'existence de ces actions avant le début du viiie siècle de Rome, et d'autre part que rien ne permet de mettre en doute leur existence après le milieu du 1er siècle de notre ère.

Commençons par la limite inférieure.

Plusieurs auteurs veulent voir l'hypothèque, et partant les actions hypothécaires, déjà chez les écrivains latins du vie siècle (1).

Les passages incriminés sont tirés de *Plaute*, de *Caecilius Statius*, de *Térence* et de *Caton*.

Plaute, Pseudolus, 1, 1, 85-87 : potes nunc mutuam Drachman dare unam mihi, quam cras reddam tibi. Vix hercle opinor si me opponam pigneri.

Caecilius Statius, chez Festus, v° reluere : reluere, resolvere, repignerare. Caecilius in Carine : « Ut aurum et vestem, quod matris fuit, reluat, quod viva ipsi opposuit pignori ».

Térence, Phormio, 4, 3, 56-58 : ager oppositus est pignori ob decem minas, inquit, ... aediculae item sunt ob decem alias.

____

(1) Dernburg, *Pfandrecht*, t. I, p. 64-66 ; Jourdan, *Hypothèque*, p. 103, p. 90 et suiv.; Voigt, *Das pignus der Römer*, p. 236-237, 253-255 ; Ascoli, *Origini dell' ipateca*, p. 54-56 ; cf. Jörs, *op. cit.*, p. 153, note 3 ; Cuq, *Institutions*, t. I, p. 635 ; von Scheurl, *Kritische Vierteljahrschrift*, t. II, p. 428 ; Bachofen, *Das röm. Pfandrecht*, p. 9-10 ; Costa, *Il diritto privato nelle comedie di Plauto*, p. 263-264.

Caton, de re rustica, 146, après avoir fixé les conditions de la vente (*oleam pendentem hac lege venire oportet*) ajoute : *Recte haec dari fierique satisque dari domino, aut cui iusserit, promittito satisque dato arbitratu domini, donicum solutum erit aut ita satisdatum erit, quae in fundo inlata erunt, pigneri sunto. ne quid eorum de fundo deportato. Si quid deportaverit, domini esto.*

Au chapitre 149, *qua lege pabulum hibernum venire oporteat,* nous lisons la clause suivante : *Donicum pecuniam satisfecerit aut delegarit, pecus et familia, quae illic erit, pigneri sunto.*

Au chapitre 150, *fructum ovium hac lege venire oportet,* se trouve la clause : *Conductor duos menses pastorem praebeat. donec domino satisfecerit aut solverit, pignori esto.*

Avant d'entrer dans la discussion de ces textes, remarquons que partout où dans l'ancien droit nous rencontrons le mot *pignus,* nous devons présumer en faveur d'un gage proprement dit et non d'une hypothèque.

Gaius définit le *pignus* comme suit : *Pignus appellatum a pugno, quia res, quae pignori dantur, manu traduntur* (1).

Quelque erronée que soit cette étymologie, elle n'en montre pas moins que pour les Romains, l'idée de tradition s'associait naturellement à celle du *pignus.* Cela n'aurait pas été possible au temps de *Gaius* si depuis quatre siècles déjà, ce terme avait désigné indifféremment le gage et l'hypothèque.

Nous présumerons donc en faveur du gage et n'admettrons une hypothèque que si son existence est établie par des arguments décisifs.

Or, les arguments avancés en faveur de l'hypothèque sont loin d'être décisifs.

En ce qui concerne *Plaute, Caecilius Statius* et *Térence, Dernburg, Jourdan* et *Ascoli* veulent trouver chez ces écrivains une hypothèque en se basant sur le mot *opponere.* Ce verbe serait le terme technique pour hypothéquer. *Dernburg* l'appelle l' « expression nationale » pour engager par simple contrat, et *Jourdan* y voit « l'expression définitivement consacrée pour hypothéquer.» (2).

(1) D. (50,16) 238, § 2.
(2) Jourdan, *Hypothèque,* p. 92.

Et pourtant, cette « expression nationale » « définitivement consacrée » ne se rencontre pas une seule fois dans tout le *corpus iuris*. Quant aux textes littéraires où elle se trouve, il n'est pas prouvé qu'ils se rapportent à l'hypothèque.

Ainsi *Catulle, Carmen XXVI ad Furium,* cité par *Dernburg* et *Jourdan,* peut s'entendre tout aussi bien de la fiducie que de l'hypothèque :

> *Furi, villula nostra non ad Austri*
> *Flatus opposita est nec ad Favoni*
> *Nec saevi Boreae, aut Apeliotae :*
> *Verum ad millia quindecim et ducentos,*
> *O ventum horribilem atque pestilentem !*

« Il est clair, dit *Jourdan,* qu'il s'agit d'une maison que *Catulle* habite, possède, dont il ne s'est pas dessaisi, mais qui est exposée au vent funeste de l'hypothèque ». *Jourdan* n'a pas remarqué que *Catulle* peut habiter la maison par suite d'une concession à titre de précaire ou d'un bail avec son créancier. Et dans ce cas il ne peut plus être question d'hypothèque, mais seulement de fiducie (1).

Sénèque, de benef., 7, 14, ne prouve pas davantage que *opponere* signifie hypothéquer. Une simple lecture du texte va nous en convaincre : *Ad summam, puta, quum captus esses, me pecuniam mutuatum, rebus meis in securitatem creditoris oppositis, navigasse hieme iam saeva, per infesta latrociniis littora, emensum quidquid periculi afferre potest etiam pacatum mare... tandem ad piratas perveni, et iam te alius redemerat.*

Ainsi, les pirates ont fait un prisonnier. Son ami veut le délivrer, il engage ses biens, emprunte l'argent nécessaire et part à la recherche des pirates pour leur racheter leur proie; il parcourt la mer et s'expose à tous les dangers. N'est-il pas à présumer qu'il s'est dessaisi des biens qu'il a engagés avant de partir, et que nous avons par conséquent affaire bien plutôt à un gage ordinaire qu'à une hypothèque? pour avoir dans ce texte une hypothèque il faudrait que le sens technique d'*opponere* hypothéquer, fût préalablement établi. Or cela n'est pas.

---

(1) Dans ce sens, Louis-Lucas, *Revue générale de droit,* t. X, p. 243, note 1.

Cela n'est pas parce que le verbe *opponere* n'a pas le sens qu'on veut lui donner.

Plaute lui-même l'emploie comme synonyme de *ponere*. *Curculio*, 2, 3, 76-77.: *provocat me in aleam ut ego ludam. Pono pallium; ille suum anulum.opposivit* (1). C'est donc une erreur de mettre en opposition *pignus depositum* et *pignus oppositum*, comme le fait *Dernburg* (2). *Opponere* ne signifie ici rien autre chose que *ponere; pignori opponere* ne diffère pas plus de *pignori ponere* qu'en grec παρακατατιθέναι, κατατιθέναι, παρατιθένα ne diffèrent de τιθέναι ἐνέχυρον, expressions qui signifient toutes mettre en gage avec nantissement (3).

Ajoutons encore que *Plaute, Caecilius Statius* et *Térence*, imitateurs des Grecs, s'ils avaient eu à traduire ὑποτιθέναι, hypothéquer, l'auraient fait plus probablement par *supponere,* comme plus tard *Justinien,* que par *opponere,* ce dernier verbe correspondant plutôt à παρατιθέναι, employé pour le gage ordinaire et non pour l'hypothèque.

Quant à voir avec *Dernburg* (4) et *Costa* (5), une hypothèque dans *Plaute, Truculentus,* 2, 1, 3-4 : *huic homini amanti neniam mea hera apud nos dixit de bonis, nam fundi et aedes obligatae sunt ob amoris prandium*, c'est oublier que *obligare* peut s'entendre très bien de la fiducie, que rien n'empêche d'admettre ici. Il est superflu aussi de vouloir avec *Demelius*, donner à *obligare* un sens qu'il n'a nulle part ailleurs. Cet auteur traduit : « nun sind uns auch seine *fundi* und *aedes* verfallen », « sie sind schon so gut wie unser », « sie sind uns verfangen » (6).

Voyons maintenant si l'existence de l'hypothèque se laisse mieux prouver chez *Caton* que chez les comiques du vi^e siècle.

Les auteurs qui admettent cette existence ne cherchent même

(1) Voigt, conséquent avec lui-même, voit dans *pono pallium* une constitution de gage avec nantissement, *op. cit.*, p. 268, et dans *anulum opposivit* une constitution d'hypothèque, *op. cit.*, p. 236, 237 et 255.

(2) *Pfandrecht*, t. I, p. 65, note 6.

(3) Hitzig, *Das griechische Pfandrecht*, 1895, p. 14.

(4) *Op. cit.*, p. 64.

(5) *Op. cit.*, p. 263, 264 et 320.

(6) *Zeitschrift für Rechtsgeschichte*, t. II, p. 233; cf. Pernice, *Labeo*, t. I, p. 416, note 7; Voigt, XII *Tafeln*, § 114, note 5, range notre texte parmi ceux qui se rapportent à la *cautio praedibus praediisque!*

pas à la prouver. Ils trouvent la chose évidente ; elle peut donc se passer de démonstration.

Malgré ce silence, leur idée se comprend ; ils argumentent probablement de la façon suivante : *Caton* ne parle pas de la remise des gages au créancier, mais seulement de leur introduction sur le fonds. Nous sommes donc bien en présence d'un gage sans possession du créancier, d'une hypothèque, car l'introduction des gages sur le fonds ne suffit pas à en donner la possession au propriétaire de l'immeuble ; il faut encore la remise effective.

Ce raisonnement pèche par la base. A l'époque de *Caton*, nous l'avons vu, le possesseur d'un fonds était par là même possesseur des meubles situés sur ce fonds. Le créancier, dans notre cas, possède donc les meubles introduits sur le fonds ; nous avons affaire au gage ordinaire et non à l'hypothèque.

D'ailleurs, il y aura eu probablement remise effective au créancier des meubles engagés. *Caton*, en effet, ne nous parle pas du fermage ordinaire tel que nous le trouvons sous l'Empire : une terre de campagne louée à long terme par un propriétaire demeurant en ville. Le fermage ainsi compris n'était pas encore en usage du temps de *Caton* ; aussi, cet auteur nous parle d'une vente de l'*olea pendens*, du *papulum hibernum* et des *fructus ovium*. Ce n'est pas encore le bail à ferme (1), c'est une vente des fruits, à laquelle le propriétaire aura souvent procédé en personne. Dès lors, pourquoi ne pas admettre qu'il y ait eu tradition des *illata et invecta*? On a répondu que s'il y avait eu remise effective au créancier, la récolte n'aurait pas été possible (2). C'est se faire une idée trop étroite des conditions requises pour le maintien de la possession. Il n'est pas nécessaire de séquestrer des objets pour les posséder. Le propriétaire d'un fonds qui a reçu des instruments agricoles

---

(1) Cf. Festus, v° *Venditiones* : *venditiones olim dicebantur censorum locationes, quod velut fructus locorum publicorum venibant.* Ce texte nous paraît parler clairement en faveur de notre idée, puisqu'il met l'origine du fermage dans la vente des fruits. Nous ne comprenons pas comment von Scheurl, *Kritische Vierteljahrschrift*, t. II, p. 428, et Ascoli, *Origini dell'ipoteca*, p. 55, note 2, ont pu s'en servir pour soutenir que *Caton* parle du fermage ordinaire.

(2) Cuq, *Institutions*, p. 635.

en gage, n'en perd pas la possession par cela seul qu'un autre
s'en sert; tant qu'ils restent dans sa sphère d'influence, dans
son fonds, il les possède. Cela est vrai encore en droit classique (1), à plus forte raison cela devait-il être vrai pour le
possesseur d'un fonds à l'époque de *Caton*, où la possession du
fonds entraînait la possession des meubles qui s'y trouvaient.

Passons au viie siècle de Rome. Non seulement nous n'y
trouvons aucune mention de l'hypothèque (2), mais nous avons
encore un indice très significatif de son absence, c'est le
silence de *Cicéron* sur cette institution (3). Il n'est pas vraisemblable que l'hypothèque et les actions hypothécaires aient
pu exister à cette époque, sans que cet écrivain, dans l'œuvre
immense où il touche à tous les sujets, n'en ait fait aucune
mention. Ce silence est particulièrement probant dans le passage du discours *de lege agraria* où *Cicéron* fait une énumération minutieuse des *iura in re aliena*, lesquels seraient levés
par le projet de loi qu'il combat, énumération où le droit de
gage ne figure pas à côté des servitudes, de l'*obligatio* des
praedia subsignata et du *vectigal* (4).

En ce qui concerne le viiie siècle de Rome, relevons dès le
début le fait que l'édit d'*Auguste* relatif au fonds litigieux
n'interdit que l'aliénation de ces fonds. Il ne s'occupe pas de
l'hypothèque. On a cependant, nous l'avons vu, appliqué plus
tard les dispositions de l'édit aussi à l'hypothèque. Il est
probable que si elle avait existé au temps d'*Auguste*, elle
aurait déjà alors été prise en considération.

Notons encore que *Labéon* semble, d'après le rapport de
Pomponius, ignorer l'action *quasi Servienne*. D. (13.7) 3. *Pomponius l. 18 ad Sabinum : Si quasi recepturus a debitore tuo
comminus pecuniam reddidisti ei pignus isque per fenestram id
misit excepturo eo, quem de industria ad id posuerit, Labeo ait
furti te agere cum debitore posse et ad exhibendum.*

---

(1) D. (41.2) 3, § 13.

(2) Nous avons vu que *Catulle, Carmen XXVI ad Furium*, s'entend très bien
de la fiducie.

(3) Dans *Cic. Ep. ad Atticum* 2, 17 *in f. : ad me ab eo quasi* ὑποθήκας *af-
feres quemadmodum me geram,* ὑποθήκη *est pris dans un sens figuré. Dans
Cic. Ep. ad fam.*, 13, 56, 2, ce mot se rapporte à l'hypothèque grecque.

(4) *Cic. de lege agraria*, 3, 2, 9.

H.   2

Si *Labéon* avait connu l'action hypothécaire, il l'aurait mentionnée dans ce cas.

Ce juriste cependant paraît bien connaître l'interdit *Salvien* et peut-être même l'action *Servienne*, puisqu'il considère l'hypothèque du bailleur d'un fonds rural comme efficace.

D. (20.6) 14 : *Labeo l. 5. posteriorum a Javoleno epitomatorum : Cum colono tibi convenit, ut invecta importata pignori essent, donec merces tibi soluta aut satisfactum esset : deinde mercedis nomine fideiussorem a colono accepisti, satisfactum tibi videri existimo et ideo illata pignori esse desisse.*

Il paraît vraisemblable que l'interdit *Salvien* au moins ait déjà existé. L'interdit *de migrando* était connu de *Labéon* (1). La *perclusio* du bailleur urbain était donc déjà admise comme un droit. Dès lors, on ne voit pas quelle raison aurait empêché le préteur de protéger l'hypothèque du bailleur rural, puisqu'il reconnaissait au bailleur d'un fonds urbain le droit de faire valoir la sienne.

Un troisième texte de *Labéon* pourrait même, malgré D. (13.7) 3, faire croire que ce juriste connaissait l'action hypothécaire.

D. (20.1) 35, *Labeo l. 1°. pithanon a Paulo epitomatorum : Si insula, quam tibi ex pacto convento licuit vendere, combusta est, deinde a debitore suo restituta, idem in nova insula iuris habes.*

Pour que la dernière phrase ait un sens, il faut que le créancier ait une action quelconque pour faire valoir son droit. Le débiteur possède, puisqu'il reconstruit. Comment le créancier obtiendra-t-il, au moment voulu, la possession de l'immeuble?

D'action issue du *pactum de vendendo* dont parle *Labéon*, il ne peut pas en être question, puisque les pactes n'engendrent aucune action.

La seule action concevable ici, c'est l'action hypothécaire (2). On sait en effet que la simple permission de vendre accordée au créancier, constitue hypothèque (3).

Cette interprétation serait irréprochable si nous devions ex-

(1) D. (43.32) 1, § 4.
(2) Cf. D. (20.1) 29, § 2.
(3) D. (20.4) 3, § 2.

pliquer un texte de *Papinien,* car c'est lui précisément qui envisage dans D. (20.4) 3, § 2, la permission de vendre comme constituant hypothèque. Mais cette idée ne peut pas avoir été celle de *Labéon ;* à son époque, le droit de vente du créancier gagiste était encore l'exception. Un *pactum de vendendo* ne pouvait pas encore être considéré comme une constitution d'hypothèque. D'autre part, le *pactum de vendendo* à lui tout seul n'aurait engendré aucune action ; il faut donc qu'il ait été précédé d'un engagement sous une forme ou sous l'áutre.

Quelle a été cette forme? Rien n'empêche de voir ici un gage ordinaire avec concession au débiteur à titre de précaire. Le créancier aurait alors, pour faire valoir son droit, l'*interdictum de precario.*

Mais il est encore plus naturel de supposer la forme normale d'engagement immobilier dans l'ancien droit, la fiducie, accompagnée ici d'une concession à titre de précaire au débiteur.

On nous objectera peut-être que dans ce cas la question soulevée par *Labéon* ne sé poserait même pas, car le créancier fiduciaire, propriétaire du sol, serait par là même propriétaire de la maison reconstruite sur ce sol.

Il est facile cependant de répondre que le juriste ne s'occupe pas de la propriété de la maison reconstruite, mais uniquement du droit de la vendre. On sait que les deux choses ne vont pas de pair pour le créancier fiduciaire, lequel a besoin, pour vendre, d'un *pactum de vendendo* aussi bien que le créancier gagiste ou hypothécaire. La question se posait donc forcément de savoir s'il avait le droit de vendre la maison reconstruite, bien qu'il en fût propriétaire. C'est cette seule question que *Labéon* examine, et c'est pourquoi il ne parle dans la phrase citée que du *pactum dc vendendo.*

On le voit, notre texte n'implique nullement l'existence de l'action hypothécaire.

Nous rencontrons maintenant un témoignage qui paraît être décisif en faveur de l'existence de l'hypothèque et de l'action hypothécaire dans la première moitié du viii⁰ siècle de Rome. Il est relatif à la *lex Julia de adulteriis,* une loi d'*Auguste* datant du commencement de son règne, probablement de l'an 736 (1).

(1) D (48.5) 1 ; *Dion,* 54, 16.

C. (5.13) 1, § 15 (*Justinien*) : *Et cum lex Julia* (1) *fundi dotalis Italici alienationem prohibeat fieri a marito non consentiente muliere, hypothecam autem nec si mulier consentiebat...* Cf. I. (2.8) pr.

Ainsi, c'est à la *lex Julia de adulteriis* que remonterait la défense d'hypothéquer le fonds dotal. Si nous acceptions ce témoignage tel quel, comme cela arrive souvent (2), nous serions obligés d'admettre que l'action *Servienne* et l'action *quasi Servienne* ont suivi l'interdit *Salvien* presque immédiatement, ce qui n'est pas vraisemblable.

Mais le témoignage de *Justinien* est fort suspect. Il a déjà été critiqué par *Bachofen* (3) et par *Demangeat* (4). Ces auteurs n'admettent pas que la *lex Julia* ait parlé d'hypothèque, et nous verrons qu'en effet rien ne force à croire que la loi s'en soit occupée.

Remarquons en premier lieu que le mot *hypotheca* ne pouvait pas se trouver dans la *lex Julia*, car il n'a été adopté par les juristes romains que près de deux siècles plus tard. Le rapport de *Justinien* est donc inexact lorsqu'il nous parle d'*hypotheca*. Si la loi s'était réellement occupée de l'engagement du fonds dotal, elle n'aurait pu employer que les mots *fiducia* ou *pignus*, seuls connus à cette époque. C'est au terme *fiducia* qu'il faudrait donner la préférence, car, en présence de l'expression *pignus*, *Justinien*, suivant son procédé habituel, aurait ajouté *vel hypotheca* mais n'aurait pas supprimé *pignus*.

Bachofen croit que la loi parlait d'*obligare* en se basant sur le texte suivant de *Gaius*. D. (23.5) 4 : *Lex Julia, quae de dotali praedio prospexit ne id marito liceat obligare aut alienare*. La conclusion qu'il en tire en faveur de la *praediorum subsignatio* repose sur un sens trop étroit donné à *obligare*, et ne nous paraît pas être justifiée. Car, à supposer que la loi eût

----

(1) La *lex Julia* en question est la *lex Julia de adulteriis* ; Paul, *Sent.*, 2, 21 b. § 2 : *Lege Julia de adulteriis cavetur, ne dotale praedium maritus invita uxore alienet*.

(2) Bechman, *Das röm. Dotalrecht*, Erlangen, 1863, p. 456. Czyhlarz, *Das Veräusserungsverbot des* fundus dotalis, Zeits. für Civilrecht und Prozess, N. F., XXII, 1865, p. 404-450, parait l'accepter par son silence.

(3) Bachofen, *Ausgewählte Lehren*, p. 89 et suiv., p. 115.

(4) Demangeat, *De la cond. du fonds dotal en dr. rom.*, 1860, p. 209 et suiv.

vraiment parlé aussi de l'engagement du fonds dotal, elle ne pouvait pas passer sous silence la forme normale et habituelle à cette époque d'engagement des fonds italiques, seuls visés par la loi, la fiducie.

Nous revenons donc toujours à la fiducie. *Bachofen* et *Demangeat* ne croient cependant pas que la loi ait pu s'en occuper spécialement, parce que, d'après eux, la défense d'engager par voie d'aliénation fiduciaire était déjà comprise dans l'interdiction générale d'aliéner le fonds dotal (1). Cette observation serait juste si le législateur avait voulu établir une simple défense relative de donner le fonds dotal en fiducie sans le consentement de la femme. Mais il s'agissait, *Justinien* nous le dit, de poser une interdiction absolue d'engager, même avec le consentement de la femme. Cette seconde disposition, même appliquée à la fiducie, n'aurait pas été comprise dans la défense générale d'aliéner sans le consentement de la femme, et devait, par conséquent, être formulée expressément.

On le voit, rien ne s'oppose à croire que la *lex Julia* ait parlé d'aliénation fiduciaire, si l'on admet qu'elle se soit occupée de l'engagement du fonds dotal. Ce dernier point cependant est douteux. *Demangeat* soutient que la loi ne visait que l'aliénation simple du fonds dotal et ne disait pas un mot de son engagement, sous aucune forme. Il est remarquable, en effet, que dans le titre entier du Digeste *de fundo dotali*, D. (23.5), il ne soit fait à cette prétendue défense d'hypothéquer d'autre allusion que le seul mot *obligare* dans le passage cité de *Gaius*. Ce silence, rapproché du silence peut-être plus significatif encore de *Paul* dans son chapitre *de dotibus, Sent.*, 2, 21 b., 2 : *Lege Julia de adulteriis cavetur, ne dotale praedium maritus invita uxore alienet,* donne une force singulière à la thèse de *Demangeat*.

D'où viendrait alors cette défense d'hypothéquer le fonds dotal, défense faussement attribuée à la *lex Julia?* On pourrait l'expliquer comme étant une application de l'incapacité velléjenne.

Le sénatus-consulte *Velléjen* n'avait pas interdit l'intercession par hypothèque. Il ne parle que de *fideiussiones et mutui*

____

(1) Bachofen, *op. cit.*, p. 115; Demangeat, *op. cit.*, p. 212.

dationes pro aliis, quibus intercesserint feminae (1). Cependant
la jurisprudence classique a étendu l'incapacité aussi au cas
d'hypothèque (2). Il y avait dès lors intercession prohibée lorsque la femme hypothéquait un bien paraphernal au créancier
de son mari; quoi d'étonnant à ce qu'on trouvât une *interces-
sio* dans la permission donnée au mari d'hypothéquer le fonds
dotal? On pourrait objecter, il est vrai, que le mari n'avait
qu'à se passer de ce consentement, puisque, dans notre hypothèse, il n'était pas exigé par la loi. Mais il ne faut pas oublier
que pour le cas d'engagement par fiducie, le consentement de
la femme était nécessaire, puisqu'il y avait aliénation. Or, une
fois ce consentement envisagé comme intercession prohibée
dans le cas de fiducie, il est bien naturel qu'on en soit venu à
le considérer comme tel aussi en cas d'hypothèque, surtout si
l'on pense au développement du droit de vente, qui transfor-
mait l'hypothèque en une véritable aliénation condition-
nelle (3).

Quelque séduisante que soit cette hypothèse, celle que la
lex Julia ait interdit l'aliénation fiduciaire, n'en reste pas moins
possible.

Heureusement le choix ne s'impose pas pour nous, car, que
l'on adopte l'une ou l'autre alternative, il n'en reste pas
moins acquis que la *lex Julia* n'implique nullement l'existence
de l'hypothèque. C'est tout ce qu'il nous importe de savoir.

Examinons un dernier argument avancé pour soutenir que
les actions hypothécaires sont d'une date antérieure au viii^e
siècle. Nous voulons parler de l'absence dans l'*album* du
préteur d'un édit introduisant l'action *Servienne*. Cette circonstance, prouvée par *Wlassak* (4), admise par *Lenel* (5), est en
désaccord avec la règle générale du droit prétorien qui fait
précéder les actions prétoriennes d'un édit spécial. *Wlassak* a
voulu l'expliquer en soutenant que l'action *Servienne* est une
des premières créations du préteur (6). D'après lui, en effet,

(1) D. (16.1) 2, § 1.
(2) D. (6.1) 39, § 1 ; D. (6.1) 40 ; D. (16.1) 8 pr.; 17, § 1 ; 32, § 1.
(3) Cf. Demangeat, *op. cit.*, p. 215-216.
(4) *Edict und Klageform*, 1882, p. 130 et suiv.
(5) *Edictum perpetuum*, p. 396.
(6) Wlassak, *op. cit.*, p. 135-136.

les premières créations du préteur auraient été faites sans édit préalable, par voie de simple proposition d'une formule d'action dans l'*album* (1). L'action *Servienne* aurait précisément été créée à l'époque où les édits n'étaient pas encore en usage.

Il nous semble cependant que l'on peut tirer de l'absence d'un édit sur l'action *Servienne* la conclusion opposée, et faire de cette action une des dernières créations du préteur. Il est parfaitement possible que le préteur se soit passé d'édits à l'origine de son activité créatrice, mais rien n'empêche de croire qu'il en ait été de même au déclin de cette activité, c'est-à-dire à partir du commencement de l'Empire (2), époque à laquelle nous plaçons la naissance de l'action *Servienne*.

Nous voyons en effet que les actions prétoriennes destinées à protéger les servitudes établies par *pacta et stipulátiones*, actions des plus récentes (3), n'ont pas d'édit correspondant (4).

C'est l'état de choses consacré par la rédaction de l'édit sous *Hadrien* ; le préteur n'a plus le droit de publier des édits nouveaux, mais il peut encore accorder des actions *in factum* nouvelles. Cet état de choses s'annonce dans la *Servienne* comme existant déjà en fait.

Remarquons en outre qu'avec l'idée de *Wlassak* on ne comprendrait guère pourquoi le préteur n'aurait pas, après coup, inséré dans l'*album* un édit relatif à l'action *Servienne*, comme il l'a fait pour les autres actions prétoriennes de la première date (5).

Il ne suffit pas de dire que l'interdit *Salvien* fonctionnait comme édit vis-à-vis de l'action *Servienne* (6). Car, pour qu'un interdit puisse fonctionner comme édit, il faut déjà une certaine décadence des principes du droit prétorien. Nous voyons en effet que lorsque le préteur ajoute une action *in factum* à un interdit, il ne se croit nullement dispensé de l'introduire par un édit. Par exemple, après l'interdit *de superficiebus* nous lisons,

---

(1) Wlassak, *op. cit.*, p. 119-121.

(2) Dernburg, *Alter... der Satzungen... des Edicts*, p. 98 ; Girard, *Manuel*, 1ʳᵉ édit., p. 50.

(3) Girard, *Manuel*, 1ʳᵉ édit., p. 361, note 3.

(4) Wlassak, *op. cit.*, p. 129.

(5) Wlassak, *op. cit.*, p. 122-123.

(6) Wlassak, *op. cit.*, p. 136.

D. (48.18) 1 *pr.* : *si qua alia actio de superficie postulabitur, causa cognita dabo.* De même l'action *Paulienne* est introduite par un édit, malgré l'existence de l'interdit fraudatoire (1). Relevons aussi l'édit qui introduit une action *in factum* pour protéger le *missus in possessionem* malgré l'existence de l'interdit *ne vis fiat ei, qui in possessionem missus erit* (2).

L'explication de *Wlassak* n'est donc admissible que si l'on voit avec nous dans l'action *Servienne* une des dernières créations prétoriennes. Alors, mais alors seulement, on comprend que la préexistence de l'interdit *Salvien* ait pu permettre au préteur de se passer non seulement d'un édit initial pour introduire la nouvelle action, mais aussi d'un édit ultérieur ajouté après coup. Il n'y a en effet rien d'étonnant à ce que le préteur ne se soit pas conformé à des règles qui tombaient en désuétude, tandis qu'il serait incompréhensible qu'il les eût transgressées à l'époque de leur empire incontesté.

Ajoutons encore une observation qui vient confirmer notre idée. L'interdit *Salvien* est le seul interdit qui porte un nom d'homme. Cette particularité ne saurait mieux s'expliquer qu'en admettant que cet interdit est un des derniers créés par le préteur (3). A plus forte raison l'action *Servienne* est-elle une des dernières créations prétoriennes, puisqu'elle est postérieure à l'interdit *Salvien*.

De cette façon, en vérifiant l'exactitude de notre limite inférieure, nous avons obtenu non seulement le résultat négatif qu'aucune mention de l'hypothèque et des actions hypothécaires ne se rencontre avant le viiie siècle de Rome, mais nous avons encore trouvé la confirmation de notre idée que les actions hypothécaires ne peuvent dater que de ce siècle et non d'une époque antérieure.

La vérification de notre limite supérieure sera beaucoup plus simple. Les textes au moyen desquels nous l'avons établie se suffisent à eux-mêmes, et d'ailleurs, personne ne met plus en

---

(1) D. (42. 8) 1 *pr.*, cf. D. (42.8) 10 *pr.* Notons cependant que d'après Ubbelohde, *Glück's Pandekten*, 43. 44, II, p. 344 et 364, l'interdit fraudatoire est postérieur à l'action *Paulienne*. V. par contre Girard, *Manuel*, 1re édit., p. 412, note 4 et p. 413, note 1.

(2) D. (43.4) *hoc tit.*, 1 *pr.*

(3) Dans ce sens Huschke, *Studien des röm. Rechts*, p. 340, n. 6.

doute l'existence des actions hypothécaires à la fin du premier siècle de notre ère (1).

On pourrait tout au plus trouver étrange qu'encore à la fin du viii⁰ siècle de Rome, en l'an 46 de notre ère, le sénatus-consulte *Velléjen* ne mentionne pas l'intercession par hypothèque, tandis que vers la même époque, *Cassius* connaît déjà l'action hypothécaire. On sait pourtant que dès le siècle suivant, *Julien*, *Gaius*, *Africain* et *Pomponius* considéraient cette intercession comme prohibée (2). Pourquoi le sénatus-consulte n'en parle-t-il pas?

Ce silence est assez naturel; le sénatus-consulte s'est occupé du cas le plus fréquent, celui des *fideiussiones* ou des *mutui dationes pro aliis* (3). Le cas d'hypothèque devait être rare encore, vu la préférence des Romains pour les sûretés personnelles. Il n'y a rien de choquant dès lors à ce que le sénatus-consulte l'ait passé sous silence : *neque leges neque senatus-consulta ita scribi possunt, ut omnes casus qui quandoque inciderint comprehendantur, sed sufficit ea quae plerumque accidunt contineri*, dit *Julien* (4).

Quelle que soit d'ailleurs la raison du silence du sénatus-consulte *Velléjen* sur l'hypothèque, cette omission ne prouve pas que cette institution n'existait pas encore à cette époque, car, s'il en était ainsi, on devrait en outre admettre, pour être conséquent, que ni la fiducie ni le gage ordinaire n'existaient encore. Le sénatus-consulte en effet, ne les mentionne pas plus que l'hypothèque, et cependant personne ne met én doute leur existence en l'an 46 après J.-C., quoiqu'on puisse intercéder tout aussi bien au moyen du gage ou de la fiducie qu'au moyen de l'hypothèque (5).

(1) Voir cependant Accarias, *Précis*, 4ᵉ édit., t. I, p. 729-730, qui dit à propos de l'hypothèque : « Quant à l'époque précise de son introduction en Italie, nous l'ignorons; mais il est certain qu'elle fixe l'attention des juristes du iiᵉ siècle, et ils ne paraissent pas s'en occuper comme d'une institution purement provinciale ».

(2) D. (6.1) 39, § 1; D. (6.1) 40; D. (16.1) 8 pr.; 17, § 1; 32, § 1.

(3) D. (16.1) 2, § 1.

(4) D. (1.3) 10.

(5) Pour le gage : D. (16.1) 8 pr. : *quamvis pignoris datio intercessionem faciat* et autres textes semblables qui ne restreignent pas l'intercession au cas d'hypothèque proprement dite. Pour la fiducie nous n'avons aucun témoignage

On pourrait croire cependant que le sénatus-consulte *Velléjen* parlait peut-être de la fiducie et que les compilateurs l'en ont rayée. Mais cette hypothèse n'est pas vraisemblable ; si le sénatus-consulte avait mentionné la fiducie, les compilateurs n'auraient pas supprimé le mot sans autres ; ils l'auraient remplacé par *pignus vel hypotheca*, suivant leur procédé habituel, cela d'autant plus qu'à leurs yeux l'intercession par gage ou hypothèque était prohibée.

Le silence du sénatus-consulte *Velléjen* ne prouve qu'une chose, c'est que les Romains préféraient encore les sûretés personnelles aux sûretés réelles et que l'usage de l'hypothèque était encore restreint. En conséquence, il convient d'admettre que l'action *quasi Servienne*, déjà connue de *Cassius*, ne peut tout au plus dater que de quelques années avant le sénatus-consulte et lui est peut-être postérieure, *Cassius* ayant vécu jusque sous *Vespasien*.

A notre connaissance, il n'existe plus aucune donnée qu'on puisse utiliser directement pour la date à assigner aux actions hypothécaires. Certains auteurs ont cependant cru en découvrir quelques autres.

Kuntze (1) a voulu en trouver une dans la forme du nom *actio Serviana*. Il semble admettre que cette forme n'est possible qu'à partir du début de l'Empire ; sous la République on aurait dit *actio Servia*.

Ce critère est sans valeur. Il nous suffira de rappeler les nombreuses institutions datant de la République qui portent un nom en — *anus* : *ius Flavianum*, *ius Aelianum*, *leges Manilianae*, *cautio Muciana*, *actio Rutiliana*, etc. Que l'on pense aussi à l'ancienne coutume d'ajouter au nom des enfants adoptifs leur ancien *nomen gentilicium* sous forme adjective en — *anus*. Citons entre autres un exemple qui date des premières années du viie siècle : *Q. Fabius Maximus Servilianus*, qui fut consul en l'an 612.

La forme en — *anus* pour les actions prétoriennes, de même que pour les sénatus-consultes, s'explique par le fait qu'il n'y

---

direct ; mais on ne voit pas pourquoi l'intercession par fiducie serait traitée autrement que celle par gage ou hypothèque.

(1) Kuntze, *Zur Gesch. des röm. Pfandrechts*, t. I, p. 30 ; cf. Jörs, *röm. Rechtswissenschaft zur Zeit der Rep.*, p. 153, note 3.

avait ici aucune dénomination officielle. C'est la forme vulgaire, la forme du langage usuel et familier. La forme en — *us* par contre, est la forme officielle, et se trouve dans les lois, dont le nom était officiel (1).

Le contraste entre le nom officiel et le nom vulgaire est frappant dans les exemples suivants :

Gaius, 1, 185 : *Si cui nullus omnino tutor sit, ei datur... ex lege Atilia....., qui Atilianus tutor vocatur.* Cf. *Ulp. Reg.*, 11, 18.

Gaius, 1, 22 : *Latini Iuniani appellantur... quia per legem Iuniam libertatem acceperunt.* Cf. *Gaius*, 3, 56.

Nous ne croyons pas davantage qu'on puisse tirer de l'inscription d'*Henchir Mettich* (2), des données intéressant la date de l'hypothèque. Il faudrait pour cela adopter l'opinion de M. *Cuq* (3), qui trouve dans cette inscription la reproduction de la clause suivante de *Caton* relative aux gages apportés dans un fonds : *ne quid eorum de fundo deportato, si quid deportaverit, domini esto* (4). On pourrait alors soutenir qu'à la date de la *lex Manciana*, qui a servi de modèle à l'inscription d'*Henchir Mettich*, l'action *Servienne* n'existait pas plus qu'au temps de *Caton*.

Mais l'inscription qui nous occupe ne contient aucune clause analogue à celle de *Caton*.

Le passage utilisé par M. *Cuq* porte en effet, d'après la lecture de M. *Toutain*, 2ᵉ face, lignes 6-13 :

Si quis alveos examina apes vasa mellaria ex fundo villae magnae sive Mappaliesige in octonarium agrum transtulerit, quos fraus aut dominis aut conductoribus vilicisve eis (!) quam fiat, alveis, examina, apes, vasa mellaria, mel qui in iis erunt, conductoribus vilicorumve in assem eius fundi erunt. Ficus, etc. (5).

____

(1) Dans ce sens Gradenwitz, *Zeits. der Savigny-Stiftung*, t. IX, p. 403 ; cf. Krüger, *Quellen*, p. 19, note 76.

(2) Voir Toutain, *Nouv. Rev. hist.*, 1897, p. 373 et suiv.

(3) Cuq, *Le colonat partiaire dans l'Afrique romaine d'après l'inscription d'Henchir-Mettich*, Paris, 1897, p. 53.

(4) Caton, *De re rustica*, c. 146.

(5) Notons que la lecture des derniers mots est douteuse. Schulten (Die *lex Manciana*, eine afrikanische Domänenordnung, Abhandlg. d. kön. Gesell. der Wiss. zu Göttingen, Phil.-hist. Klasse, Neue Folge, B. 2, nᵒ 3, p. 14 et 15)

Ce passage est immédiatement précédé de dispositions relatives à la quotité de miel due par les cultivateurs du fonds. Il établit une peine pour le cas où les cultivateurs voudraient frauder les propriétaires ou les gérants en dissimulant une partie de la récolte du miel. Comment peut-on trouver là une allusion quelconque à l'hypothèque du bailleur? Nous ne le comprenons pas.

La preuve que notre texte ne reproduit pas la clause de *Caton*, c'est qu'il parle du transport des essaims d'abeilles et des ruches *in octonarium agrum*, et non d'une manière générale de l'exportation du fonds, comme le fait *Caton*.

En outre, avec l'interprétation de M. *Cuq*, on ne comprendrait pas pourquoi cette clause de déchéance des gages se trouverait après les dispositions sur la quotité de miel à fournir, et non, comme chez *Caton*, immédiatement après la convention de gage. Il est vrai que notre inscription ne contient pas cette convention de gage, mais c'est un argument de plus contre l'opinion de M. *Cuq* (1).

On a voulu enfin trouver l'hypothèque générale du fisc déjà sous *Auguste* en se basant sur le § 5 du *fragm. de iure fisci* : *Bona eorum qui cum fisco contrahunt... e vacuaria velut pignoris iure fisco obligantur, non solum ea quae habent, sed et ea quae postea habituri sunt.*

Bœcking ayant proposé la lecture *lege vicesimaria* à la place du problématique... *e vacuaria*, *Bachofen* (2) et *Dernburg* (3) acceptent cette hypothèse et voient en conséquence l'hypothèque légale et générale du fisc déjà sous *Auguste, lex vicesimaria* ne pouvant indiquer que la *lex Julia de vicesima hereditatium*. Mais comme d'autre part il est certain que l'hypothèque légale ne fonctionne pour toutes les créances contractuelles du fisc qu'à partir de la fin de la période classique (4), nos deux auteurs se voient obligés de restreindre leur hypothèque aux

lit : *in assem dare debebunt. Quae in fundo erunt ficus,* etc. Mais le sens reste en somme le même.

(1) M. Henry Monnier trouve cependant « brillante » la conjecture de M. Cuq, *Nouv. Rev. hist.*, 1898, p. 398.

(2) *Pfandrecht*, p. 235-236.

(3) *Pfandrecht*, t. I, p. 336-337.

(4) C. (8.14) 2 ; cf. D. (2.14) 10 ; D. (20.4) 21 pr.

contrats des fermiers de l'impôt sur les successions, restriction que ne comporte pas le texte, même lu à leur façon.

Leur version conduit donc à des conséquences qui la rendent plus que suspecte. Elle était déjà pour le moins téméraire, car entre *vacaria* et *vicesimaria* il n'y a de commun que la désinence *aria*, qui est des plus fréquentes (1). Elle devient inacceptable lorsqu'on considère que la *lex Julia* en question n'est jamais appelée *lex vicesimaria*, mais bien *lex vicesima hereditatium* (2).

Si nous ne trouvons dans les sources plus aucune donnée qu'on puisse utiliser directement pour fixer la date des actions hypothécaires, nous rencontrons par contre des indications précieuses dans l'histoire générale du droit romain.

Une confirmation importante de nos conclusions se trouve en particulier dans l'histoire de l'agriculture et du fermage.

Il est évident que ni l'interdit *Salvien* ni l'action *Servienne*, qui étaient accordés au bailleur contre son fermier, ne peuvent avoir précédé le fermage. Or, la mise à ferme des terres n'est entrée qu'assez tard dans la pratique romaine (3).

Caton ne mentionne encore que la vente des récoltes sur pied (4).

(1) Voir les exemples donnés par Dernburg lui-même, *op. cit.*, p. 337 note 6 : *leges frumentariae, iudiciariae, sumtuariae, tabellariae, testamentariae*, etc. Pour montrer la valeur de restitutions basées sur de telles terminaisons, il suffira de rappeler Gaius, 4.28, où, avant l'édition de Krüger et Studemund le mot *censoria* n'était pas entièrement déchiffré, et où certains auteurs voulaient voir une *lex praediatoria*, Dernburg, *Pfandrecht*, t. I, p. 36, note 34.

(2) Voir le traité de Macer, *ad legem vicensimam hereditatium*, D. (2.15) 13 ; D. (11.7) 37 ; D. (28.1) 7 ; D. (35.2) 68 ; D. (50.16) 154, et Gaius, 3, 125.

L'adjonction de Huschke à Gaius : *lege* « JULIA DE » *vicesima hereditatium*, est tout à fait superflue.

(3) Dans ce sens Burckhardt, *Zur Geschichte der* locatio conductio, Bâle, 1889, p. 45; Fustel de Coulanges, *Hist. des inst. polit. de l'anc. France. L'alleu et le domaine rural pendant l'époque mérovingienne*, Paris, 1889, p. 62, note 2.

(4) *De re rust.*, 146-147. Voir cependant Pline, *Hist. Nat.*, 18, 3 : *Agrum male colere censorium probrum iudicabatur, atque, ut refert Cato, cum virum laudantes bonum agricolam bonumque colonum dixissent, amplissime laudasse existimabantur.*

Le mot *colonus* n'est pas pris ici dans le sens juridique et technique de fermier, mais dans le sens général de cultivateur.

L'*agrum colendum locatum* dont parle *Valer. Max.* IV, 4, 6, à propos de Regulus, doit s'entendre d'une *locatio operis* et non d'un bail à ferme.

Les premières allusions au fermage datent de la seconde moitié du VIIe siècle de Rome au plus tôt. Elles se trouvent chez *Servius* (1), *Cicéron* (2) et *Varron* (3).

La mise à ferme des terres n'est devenue un usage fréquent que sous l'Empire (4). Les anciens Romains cultivaient eux-mêmes leurs terres, fussent-ils arrivés aux plus hautes positions sociales : *Ipsorum tunc manibus imperatorum colebantur agri*, s'écrie *Pline* (5). Ils tenaient les travaux agricoles en la plus haute estime. Ils voyaient le plus grand éloge dans la qualification de bon agriculteur. La mauvaise culture d'un champ était par contre considérée comme un méfait digne de censure (6). Ces gens-là n'étaient pas faits pour donner leurs terres en fermage. C'étaient de vrais paysans qui vivaient sur leurs biens et ne venaient en ville qu'à jours fixes : *Annum ita diviserunt, ut nonis modo diebus urbanas res usuparent, reliquis septem ut rura colerent.* C'est ainsi que *Varron* (7) parle des « *viri magni nostri maiores* » qui « *praeponebant rusticos Romanos urbanis* ».

Quant aux classes pauvres, elles entraient dans la clientèle d'un citoyen riche et recevaient de lui des concessions de terres à titre de précaire (8). En outre, en l'an 387 de Rome, la *lex Licinia* obligeait tout possesseur de *l'ager publicus* à employer pour la surveillance et la direction des travaux agricoles un certain nombre d'hommes libres (9).

(1) D. (19.2) 15, § 2 : *Servius omnem vim, cui resisti non potest, dominum colono praestare debere ait.*

(2) *Cic. in Verrem*, 3, 22 : *fundus erat colono locatus*, Cic. *pro Caecina*, 32, 94 : *qui colonus habuit conductum... fundum.*

(3) Cet écrivain parle de *leges colonicae* dans *De re rust.*, 1, 2, 17; cf. 2, 3, 7.

(4) Cf. Friedländer, *Sittengeschichte*, 6º édit., t. I, p. 368.

(5) *Hist. Nat.*, 18, 3.

(6) *Ibidem.*

(7) *De re rust.*, 2, praef., 1.

(8) Festus : *Patres senatores ideo appellati sunt, quia agrorum partes adtribuerant tenuioribus ac si liberis propriis.*

(9) Appien, *Hist. rom.*, 1, 8 : καὶ ἐς ταῦτα δ'αὐτοῖς ἀριθμὸν ἐλευθέρων ἔχειν ἐπέταξαν, οἳ τὰ γιγνόμενα φυλάξειν τε καὶ μηνύσειν ἔμελλον. — Ce texte prouve, notons-le en passant, qu'au moins sous la République, il y avait des *villici* qui n'étaient pas esclaves. Fustel de Coulanges, *op. cit.*, p. 47, note 1, croit par contre que le *villicus* était toujours esclave. Cf. Beaudouin, *Les grands domaines dans l'Empire romain*, N. R. hist., 1897, p. 593, note 3.

Plus tard, lorsque les propriétaires romains prirent l'habitude, devenue générale sous l'Empire, de demeurer en ville (1), il ne faut pas croire qu'ils donnaient régulièrement leurs terres à des fermiers. A l'origine, il les faisaient bien plutôt cultiver par des esclaves. Nous le voyons par le passage déjà cité de *Pline* où, après avoir vanté l'amour des anciens Romains pour les champs, l'écrivain ajoute tristement : *At nunc eadem illa vincti pedes, damnatae manus inscriptique vultus exercent* (2). D'après *Columelle* aussi (3), nous voyons que les terres sont encore cultivées dans la règle par le propriétaire ou par ses esclaves : *quum aut nobismet ipsis non licuerit, aut per domesticos colere non expedierit : quod tamen non evenit, nisi in his regionibus, quae gravitate cœli, solique sterilitate vastantur.* Dans de telles régions, il vaut tout autant employer des fermiers; car : *quum mediocris adest et salubritas et terrae bonitas, nunquam non ex agro plus sua cuique cura reddidit, quam coloni.* En règle générale, c'est seulement pour les fonds éloignés où il est difficile d'exercer une surveillance personnelle, qu'il vaut mieux employer des fermiers libres que des esclaves, quel que soit le genre de culture : *In longinquis tamen fundis, in quos non est facilis excursus patrisfamilias; quum omne genus agri tolerabilius sit sub liberis colonis, quam sub villicis servis habere, tum praecipue frumentarium.* Mais cela, ajoute encore une fois *Columelle*, à la condition que la présence du propriétaire ne soit pas possible : *quare talis generis praedium, si, ut dixi, domini praesentia cariturum est, censeo locandum.*

L'apparition et le développement si tardifs du fermage agricole à Rome, confirment d'une façon absolue notre idée que l'hypothèque et les actions hypothécaires sont étrangères à l'ancien droit romain.

Remarquons encore ce fait que l'hypothèque, ce droit réel

---

(1) Voir déjà Columelle, *De re rust.*, 1, *praef.*, 15. : *Omnes enim (sicut M. Varro iam temporibus avorum conquestus est) patresfamiliae falce et aratro relictis intra murum correpsimus, et in circis potius ac theatris, quam in segetibus et vinetis manus movemus : attonitique miramur gestus effoeminatorum, quod a natura sexum viris denegatum muliebri motu mentiantur, decipiantque oculos spectantium.* Cf. Beaudouin, *op. cit.*, p. 569.

(2) *Nat. Hist.*, 18, 3.

(3) *De re rust.*, 1, 7.

constitué par simple consentement, eût été une anomalie dans l'ancien droit où le formalisme dominait tout (1). Dans le droit du commencement de l'Empire, sa présence n'offre au contraire rien de choquant. C'était la tendance de l'époque de s'affranchir des liens du formalisme. — En matière d'obligations, le *ius civile* avait déjà adopté les contrats réels et les contrats consensuels. En matière de droits réels, l'évolution fut plus lente et n'amena que des résultats partiels, mais nous ne sommes pas loin de l'époque où la théorie de la tradition allait s'élargir et s'assouplir considérablement par la reconnaissance de la *traditio brevi manu* et du constitut possessoire (2).

Ces nouvelles formes de tradition devaient faire naître facilement l'idée qu'un droit réel peut être constitué par simple consentement. C'est ainsi que *Gaius* écrit : *Interdum etiam sine traditione nuda voluntas domini sufficit ad rem transferendam, veluti si rem, quam commodavi aut locavi tibi aut apud te deposui, vendidero tibi : licet enim ex ea causa tibi eam non tradiderim, eo tamen, quod patior eam ex causa emptionis apud te esse, tuam efficio* (3).

Gaius se trompe ; il n'y a pas ici rien que *nuda voluntas*, il y a tradition *brevi manu*. Cela n'empêche que cette forme de tradition a fait naître en lui l'idée d'un transfert possible de propriété par simple consentement. Aussi, si cette idée ne devait pas se réaliser pour la propriété (4), elle ne tarda pas à être appliquée à d'autres droits réels, en particulier aux servitudes, et cela, au moins pour l'usufruit, déjà par *Pegasus* (5), c'est-à-dire dès la seconde moitié du premier siècle.

Rappelons enfin la préférence des Romains pour les sûretés personnelles ; cette préférence se maintint dans le droit privé jusqu'au IIe siècle de notre ère, circonstance qui parle en faveur d'un développement tardif du système hypothécaire. Nous voyons *Ulpien* se souvenir encore de l'époque où les gages n'étaient pas appréciés : *cum utilitas pignorum inrepserit*, dit-il une fois (6). Aussi, la seconde hypothèque, l'engagement de

---

(1) Cf. Ihering, *Geist des röm. Rechts*, t. II, § 46, p. 518 et suiv.
(2) Ce dernier déjà connu de *Celsus*, D. (41.2) 18 pr.
(3) D. (41.1) 9, § 5.
(4) C. (2.3) 20.
(5) D. (7.1) 25, § 7 ; cf. D. (7.1) 3 pr. ; D. (8.3) 33 pr. et 36.
(6) D. (13.5) 14, § 1.

créances, l'hypothèque générale, toutes ces innovations qui supposent l'existence de l'hypothèque proprement dite et qui ont été la suite de son introduction dans le droit, n'apparaissent à Rome qu'à partir du second siècle de notre ère (1).

En somme, tout contribue à confirmer l'exactitude des limites que nous avons assignées à la période où sont nées les actions hypothécaires.

(1) Seconde hypothèque pour la première fois chez Pomponius, D. (20.4) 4 et chez Gaius, D. (20.1) 13, § 2; cf. D. (20.4) 11, § 4 du même juriste et D. (20.4) 9, § 3 d'Africain.

Engagement de créances pour la première fois chez Pomponius, D. (20.1) 13, § 2 et propablement chez Gaius, D. (20.1) 9, § 1 : *quod emptionem venditionemque recipit, etiam pigneralionem recipere potest.*

Engagement de choses futures chez Julien et Gaius, D. (20.1) 15 pr.; chez ce dernier juriste, hypothèque générale pour la première fois, D. (20.1) 15, § 1 et D. (40.9) 29.

NOUVELLE
REVUE HISTORIQUE
DE
DROIT FRANÇAIS ET ÉTRANGER

PUBLIÉE SOUS LA DIRECTION DE MM.

Rodolphe DARESTE
Membre de l'Institut,
Conseiller à la Cour de Cassation.

Marcel FOURNIER
Agrégé à la Faculté de droit de Caen,
Archiviste-Paléographe.

Adhémar ESMEIN
Professeur à la Faculté de droit de Paris,
Directeur-adjoint à l'École pratique
des Hautes-Études

Joseph TARDIF
Docteur en droit,
Archiviste-Paléographe,
Avocat à la Cour d'appel de Paris.

Georges APPERT
Docteur en droit, Secrétaire de la Rédaction.

PRINCIPAUX COLLABORATEURS : MM.

Ch. Appleton, professeur à la Faculté de droit de Lyon ; — **F. Aubert**, archiviste-paléographe ; — **d'Arbois de Jubainville**, membre de l'Institut, professeur au Collège de France ; — **Audibert**, professeur à la Faculté de droit de Lyon ; — **Beauchet**, Professeur à la Faculté de droit de Nancy ; — **Beaudouin**, professeur à la Faculté de droit de Grenoble ; — **Brunner**, professeur à l'Université de Berlin ; — **Brutails**, archiviste-paléographe ; — **Chénon**, professeur agrégé à la Faculté de droit de Paris ; — **Cuq**, professeur agrégé à la Faculté de droit de Paris ; — **Caillemer**, doyen de la Faculté de droit de Lyon ; — **Duguit**, professeur à la Faculté de droit de Bordeaux ; — **Engelhart**, ministre plénipotentiaire ; — **Paul Fournier**, professeur à la Faculté de droit de Grenoble ; — **Gaudenzi**, professeur à l'Université de Bologne ; — **Gauckler**, professeur agrégé à la Faculté de droit de Caen ; — **Gérardin**, professeur à la Faculté de droit de Paris ; — **Girard**, professeur à la Faculté de droit de Paris ; — **Glasson**, membre de l'Institut, professeur à la Faculté de droit de Paris ; — **P. Guilhiermoz**, archiviste-paléographe ; — **Hauriou**, professeur à la Faculté de droit de Toulouse ; — **Jobbé-Duval**, professeur à la Faculté de droit de Paris ; — **Maxime Kovalewsky**, professeur à l'Université de Moscou ; — **Leseur**, professeur agrégé à la Faculté de droit de Paris ; — **May**, professeur à la Faculté de droit de Nancy ; — **Mortet**, archiviste-paléographe ; — **Planiol**, professeur à la Faculté de droit de Paris ; — **Le Poittevin**, professeur adjoint à la Faculté de droit de Paris ; — **Pols**, professeur à l'Université d'Utrecht ; — **Prou**, archiviste-paléographe, attaché à la Bibliothèque nationale ; — **Alphonse Rivier**, professeur à l'Université de Bruxelles ; — **Saleilles**, professeur à la Faculté de droit de Paris ; — **Tanon**, président à la Cour de Cassation ; — **Héron de Villefosse**, membre de l'Institut ; — **Paul Viollet**, membre de l'Institut.

Cette revue paraît tous les deux mois par livraisons de **10** feuilles environ et forme chaque année un beau volume in-8° de mille pages.

Les vingt-deux premiers volumes parus (1877 à 1898) avec les Tables de la *Revue de Législation* et de la *Nouvelle Revue historique* (1870-1885), 1 brochure.. **220** fr.

Chaque volume se vend séparément : 15 fr., sauf les 6 derniers qui coûtent chacun 18 fr.

Les Tables seules... **3** fr.

PRIX DE L'ABONNEMENT ANNUEL :

Pour la FRANCE......... **18** fr. — Pour l'ÉTRANGER........ **19** fr.

BAR-LE-DUC. — IMPRIMERIE CONTANT-LAGUERRE.